Inhalt

Native Advertising - Zwielichtiger Grenzgänger zwischen Journalismus und Werbung

Kernthesen

Beitrag

Fallbeispiele

Weiterführende Literatur

Impressum

Native Advertising - Zwielichtiger Grenzgänger zwischen Journalismus und Werbung

Harald Reil

Kernthesen

- Native Advertising betreibt Produkt- und Markenwerbung im journalistischen Gewand.
- In den USA zählt diese Form der Online-Werbung zu den Marketinginstrumenten mit dem größten Potenzial.
- Traditionelle Online-Formate wie Banners, Skyscrapers oder Sticky Ads verlieren in der mobilen Welt an Bedeutung.

- Native Advertising bewegt sich gefährlich nahe an der Schleichwerbung - oder ist es sogar.
- Google mahnt Unternehmen ab, die ihre Marketingbotschaften nicht klar als solche kennzeichnen.

Beitrag

Native Advertising soll Werbeszene umkrempeln

Native Advertising heißt einer der neuesten Marketingtrends, der die Werbeszene wieder einmal umkrempeln soll. Der Trend ist in der Tat so neu, dass es noch nicht einmal eine deutsche Übersetzung dafür gibt, die das Konzept kurz und bündig beschreibt. Was also verbirgt sich hinter diesen beiden Wörtern - Native Advertising? Im Grunde bezeichnen sie nichts anderes als gesponserte Werbebotschaften, die sich als journalistischer Content ausgeben; und gerade darin liegt der Haken. Denn wer Produkt- oder Markenwerbung betreibt, die nicht sofort als solche zu erkennen ist, vermischt willentlich zwei Bereiche, die eigentlich strikt voneinander getrennt bleiben sollten: eine

Berichterstattung, die nach bestem Wissen und Gewissen dem journalistischen Grundsatz größtmöglicher Objektivität folgt und eine Schreibe, die sich in den Dienst eines Unternehmens stellt, dessen Auftrag es ist, mit den eigenen Produkten und Serviceleistungen größtmöglichen Profit zu erzielen. (1), (2), (3), (4)

Großer Hype jenseits des Atlantiks

Doch ganz abgesehen von Fragen zu ethischen und vielleicht sogar juristischen Problemen, die Native Advertising aufwirft, scheint diese Form des Marketings ziemlich erfolgreich zu sein. 2012 zählte sie mit einem Anstieg um 40 Prozent verglichen mit dem Vorjahr in den USA zu den Online-Marketinginstrumenten mit dem größten Potenzial. Da auch die Erfolge nicht ausbleiben, ist es kein Wunder, dass der Hype um Native Advertsing jenseits des Atlantiks entsprechend groß ist; und man braucht kein Prophet zu sein, um vorherzusagen, dass sich NA auch hierzulande auf breiter Front durchsetzen wird. Denn fest steht, dass User immer weniger auf herkömmliche Online-Werbung wie zum Beispiel Banners, Skyscrapers oder Sticky Ads klicken. Auch die sprunghafte Zunahme von Smartphones und Tablets weltweit zwingt Marketeers dazu, sich neue Möglichkeiten zu überlegen, um die

Aufmerksamkeit potenzieller Kunden zu gewinnen; denn viele der bekannten traditionellen Online-Werbeformate verlieren auf mobilen Endgeräten drastisch an Wirkung. (1), (2), (3), (4)

Klickraten zwischen fünf und sieben Prozent

Diese Einschätzung teilt auch Peter Würtenberger, seines Zeichens Chief Marketing Officer (CMO) von Axel Springer Media Impact. Für Würtenberger, der vor kurzem von einem achtmonatigen Studienaufenthalt aus dem Silicon Valley zurückgekehrt ist, den er zusammen mit BILD-Chef Kai Diekmann und Martin Sinner, dem Geschäftsführer des Preisvergleichsportals idealo absolviert hat, ist eine große Erkenntnis dieser Reise, dass Native Advertising eindeutig die Zukunft gehört. Die Zahlen scheinen ihm Recht zu geben: Während die Klickraten auf herkömmliche Banner nur noch 0,1 Prozent betragen, bewegen sich die entsprechenden Werte für Werbebotschaften, die sich in einen journalistischen Kontext einfügen, zwischen fünf bis sieben Prozent. (5)

Trends

Native Advertising wird sich voraussichtlich großflächig durchsetzen

Wenn Vertreter des Springer-Imperiums, eines der größten deutschen Medienkonzerne Deutschlands, Native Advertising vollmundig propagieren und ankündigen, damit zu arbeiten, dann ist davon auszugehen, dass auch andere Unternehmen nachziehen werden. Da das Vorbild USA außerdem zeigt, dass mit dieser Form der Werbung erstaunlich hohe Klickraten zu erzielen sind und sich demzufolge auch höherer Profit als zum Beispiel mit Bannerwerbung generieren lässt, wird es nur noch eine Frage der Zeit sein, bis sich NA vermutlich auch hierzulande großflächig durchsetzen wird. (5)

Eine Frage der Ethik

Weniger einfach zu beantworten ist die Frage nach der ethischen Vertretbarkeit von Native Advertising. Seine Befürworter mögen behaupten, dass es eine journalistische Objektivität ohnehin nicht gibt, sondern dass Texte immer meinungsgefärbt sind. Dagegen lässt sich grundsätzlich natürlich kein Gegenargument in die Waagschale werfen, sicher ist aber auch, dass zumindest verschiedene Grade der Objektivität existieren. Oder anders formuliert: Texte, die unter dem Deckmäntelchen des Journalismus Werbebotschaften transportieren, sind für ihre Gegner - gelinde gesagt - moralisch fragwürdig, weil sie bewusst die journalistische Arbeit, die eigentlich unabhängig sein sollte, unterminieren. Sie bewegen sich nicht nur gefährlich nahe an der Schleichwerbung, sondern sie sind es in vielen Fällen auch. Wenn Medien Bündnisse mit Auftraggebern aus der Wirtschaft schließen und ihnen eine Plattform für verkappte Marketingbotschaften bieten, ist außerdem nicht auszuschließen, dass sie sich selbst das Wasser abgraben. Sie verlieren nicht nur an Glaubwürdigkeit, sie büßen vielleicht auch bald wieder die Auftraggeber ein, die sie an Land gezogen haben, um sich finanziell aufzurüsten - nämlich dann, wenn die Geldgeber entdecken, dass sie auch selbst als Verleger tätig werden können. Ohne Geld und mit schlechtem Ruf wird diesen Medien dann schnell dämmern, dass der mephistophelische Bund, den sie geschlossen haben, nur einer Partei genutzt hat - und diese Partei ist ganz bestimmt nicht sie. (4)

Fallbeispiele

Forbes treibt Native Advertising auf die Spitze

Das renommierte Wirtschaftsmagazin Forbes hat das Konzept von Native Advertising radikal auf die Spitze getrieben. Es ermöglicht nicht nur rund 1 200 ausgewählten Gastautoren, die freien Zugriff auf die Unternehmenswebsite erhalten haben, Text-, Bild- oder Video-Beiträge nach Lust und Laune zu veröffentlichen, ohne dass es einem Redakteur erlaubt wäre, diesen Input auch nur ansatzweise zu redigieren; Forbes hat mit Brand Voice auch eine Plattform geschaffen, auf der die Werbekunden des Unternehmens für Geld Artikel publizieren dürfen, die in Form und Inhalt den Beiträgen des Wirtschaftsmagazins gleichen. Einzig das jeweilige Firmenlogo und die Überschrift "Forbes? Brand Voice. Connecting Marketers to the Forbes Audience" weist darauf hin, dass es sich nicht um herkömmliche redaktionelle Texte handelt. (2)

Erste skalierbare Native-Advertising-Plattform der Welt

VivaKi, eine der weltweit größten Kommunikationsagenturen, hat vor kurzem bekannt gegeben, dass sie mit Nativo, Inc. eine strategische Partnerschaft geschlossen hat. Nativo hat eine neuartige skalierbare Native-Advertising-Plattform entwickelt. Sie ermöglicht es, Content in Publikationen so einzubinden, dass er sich automatisch dem Layout der Zielseite anpasst. (6)

Yahoo! will Tumbir auch für Native Advertising nutzen

Yahoo! hat vor kurzem die Bloggingplattform Tumbir gekauft, mit der User unter anderem Texte, Bilder, Video- und Audiodateien publizieren können. Clarissa Meyer, CEO des Internetunternehmens, will Yahoo! aber nicht nur für Jugendliche cooler machen, sondern Tumbir auch als Native-Advertising-Plattform nutzen. Unternehmen, die die Bloggingsite zu diesem Zweck verwenden wollen, müssen dann ihre Werbebotschaften dem Tumbir-Stil anpassen, der durch Bildwitze, Running Gags und kurze Videosequenzen geprägt ist. (7)

Wenn Native Advertising zum Problem wird

Dass Native Advertising auch zum Problem werden

kann, darauf hat Matt Cutts, Googles oberster Spam-Bekämpfer, hingewiesen. Er beklagt, dass einige Unternehmen ihre Werbeinhalte nicht als solche auszeichneten und damit die Richtlinien des Page-Ranking-Systems des Konzerns verletzten. Seiner Argumentation zufolge stellten diese Inhalte sogar eine Gefahr für das ohnehin schon fragile Nachrichtennetzwerk im Internet dar. Sein Appell: Journalistische Inhalte dürfen nicht mit Werbebotschaften verquickt werden. Google News hat daher auch bereits Unternehmen abgemahnt, die diese Vorgaben missachten und gedroht, nicht mehr auf ihre Publikationen zu verlinken, sollten sie die Beanstandungen ignorieren. (8)

Weiterführende Literatur

(1) André Gebel, Coma
aus LEAD digital Nr. 10 vom 15.05.2013, S. 6

(2) Kontrolliertes Chaos als Zukunftsmodell
aus Neue Zürcher Zeitung 18.06.2013, Nr. 138, S. 52

(3) This is no "golden age" of journalism. These are the news media end times
aus Neue Zürcher Zeitung 18.06.2013, Nr. 138, S. 52

(4) Werbung/Medien: Näher zusammen oder auseinander
aus "Horizont" Nr. 18/2013 vom 03.05.2013 Seite: 15

(5) „Spirit der Revolution"
aus Horizont 24 vom 13.06.2013 Seite 013

(6) VivaKi Goes Native with Nativo
aus Horizont 24 vom 13.06.2013 Seite 013

(7) Tumblr-Kauf: Yahoo! zielt auf Werbung ab
aus "Horizont" Nr. 24/2013 vom 14.06.2013 Seite: 11

(8) Are "Time's" Informers 11-Years-Later Whistleblowers? (continued from page 1) Click This: An Editor's Year of iPad Mags; Native Ads v. Spam; Tumblr/Yahoo! Ad Play.
aus Media Industry Newsletter, United States (MEDIINDN) (2013) page NA

Impressum

Native Advertising - Zwielichtiger Grenzgänger zwischen Journalismus und Werbung

Bibliografische Information der deutschen Nationalbibliothek

Die Deutsche Nationalbibliothek verzeichnet diese Publikation in der deutschen Nationalbibliografie; detaillierte bibliografische Daten sind im Internet über http://dnb.d-nb.de abrufbar.

ISBN: 978-3-7379-0811-5

© 2015 GBI-Genios Deutsche Wirtschaftsdatenbank GmbH, Freischützstraße 96, 81927 München, www.genios.de

Alle Rechte vorbehalten. Dieses Werk ist einschließlich aller seiner Teile – z.B. Texte, Tabellen und Grafiken - urheberrechtlich geschützt. Jede Verwertung außerhalb der Grenzen des Urheberrechtsgesetzes bedarf der vorherigen Zustimmung des Verlags. Dies gilt insbesondere auch für auszugsweise Nachdrucke, fotomechanische

Vervielfältigungen (Fotokopie/Mikroskopie), Übersetzungen, Auswertungen durch Datenbanken oder ähnliche Einrichtungen und die Einspeicherung und Verarbeitung in elektronischen Systemen.